ज़िंदगी इक सिलसिला है

Shiv Kumar Dixit

BookLeaf Publishing
India | USA | UK

Made with ❤ on the BookLeaf Publishing Platform
www.bookleafpub.in
www.bookleafpub.com

Dedication

इस काव्य-पुस्तक को

मैं समर्पित करता हूँ–

अपने माता-पिता को, जिनकी खामोशियों में दुआएँ थीं,
जिनके त्याग ने मुझे सोचने की ज़मीन दी।

अपने गुरुओं को, जिन्होंने विचारों की लौ दी
और आत्मा को अभिव्यक्ति का साहस दिया।

अपने सभी मित्रों को जिनके साथ मैंने जीवन के खट्टे मीठे अनुभवों को जिया है।
जिन्होंने मेरे बुरे वक़्त में दिल से मेरा साथ दिया है

और उस चेतना को, जिसके साथ संवाद से ये कवितायें जन्मी हैं।

और

हर उस शख्स को, जो ख़ुद को ढूँढ रहा है।

Preface

एक ऐसे संसार में जहाँ हर तरफ शोर है, मैंने मौन को चुना —शब्दों का नहीं, गहराई का मौन। ये कविताएँ भीतर के उस मौन से जन्मी हैं, जिसे बार-बार प्रश्न झकझोरते हैं – मैं कौन हूँ? वह क्या है जो हमें बाँटता है? और क्या हमें मुक्त करता है? इन कविताओं के सहारे मैं खुद को ढूंढ रहा हूँ।

इन कविताओं में कभी भक्ति का रंग चढ़ता है और कभी ये विद्रोही हो जाती हैं। इस संग्रह की हर कविता एक संवाद है- दृश्य और द्रष्टा के बीच, बनने और मिटने के बीच।

ये कवितायेँ भीतर की उस दुनिया के सामने रखा गया एक दर्पण है, जहां तुक और तर्क के बीच कहीं, मैं स्वयं को और संसार को देखता हूँ

प्रिय पाठक,

यदि ये शब्द तुम्हें तुम्हारी खोज के किसी क्षण में मिलें, और वे एक पुराने दोस्त की तरह तुम्हारे पास बैठें। यदि वे तुम्हें झकझोरें, या शांति दें – तो मेरी कविताओं का असल उद्देश्य पूरा होगा। क्योंकि ये भावनाएं सिर्फ मेरी नहीं आप सभी की हैं जिन्हें मैंने महसूस किया है। आप सब इन भावनाओं में समाहित हो।

Acknowledgements

मैं उन सभी लोगों को धन्यवाद ज्ञापित करता हूँ जिन्होंने इस कृति के प्रकाशन के लिए मुझे प्रेरित किया, अन्यथा ये रचनाएं कभी एक संग्रह न बन पातीं। इस पुस्तक के प्रकाशक और सम्पूर्ण सम्पादकीय टीम को मेरा धन्यवाद जिन्होंने आप तक पहुंचने का एक माध्यम उपलब्ध कराया।

मेरे पूरे परिवार को मेरा कोटि कोटि धन्यवाद विशेष रूप से मेरी माता जी , मेरा बेटा व्योम, बेटी चैतन्या और मेरे छोटे भाई पंडित प्रवीण दीक्षित जी को जो मेरी रचनाओं के न केवल नियमित श्रोता हैं बल्कि बल्कि विषय वस्तु पर चर्चा भी करते हैं।

मेरे सभी दोस्तों मार्गदर्शकों और प्रियजनों को बहुत धन्यवाद जो मेरे जीवन सागर में पतवार के सामान हैं
और अन्त में मेरे सभी पाठकों का बहुत बहुत धन्यवाद।

ढेरों शुभकामनाओं के साथ,

शिव कुमार दीक्षित

Acknowledgements

1. ज़िन्दगी इक सिलसिला है

कुछ बुरा है, कुछ भला है
ज़िन्दगी इक सिलसिला है

हम रहे हर हाल में ख़ुश
क्या सफ़र, क्या मरहला* है

बस ख़ुदा ही जानता है,
कौन किससे क्यों मिला है

इश्क़ में अब क्या बताऊँ
क्या गया है, क्या मिला है

मैं सफ़ाई दे तो दूँ, पर
तू बता तो, क्या गिला है?

क़िस्मतें जब जागती हैं,
खोटा सिक्का भी चला है

क्या अजब है उसकी कुदरत
फूल पत्थर में खिला है

जुगनुओं की रौशनी से
जाने सूरज क्यों जला है!

ऐ! अंधेरो, रास्ता दो
रौशनी का काफ़िला है

2. मन की डगर

कब कहता हूँ – मुझको भर दे
बहुत भरा हूँ... खाली कर दे

इक कोने को क्या घर कह दूँ
धरती जितना – मुझको घर दे

उड़ने की तरकीबें तू रख
मुझको बस तू... मेरे पर दे

बाहर की राहें सब झूठी –
मन के भीतर कोई डगर दे

आधा-आधा जीना भी क्या?
होश में ला... या पागल कर दे

3. वक़्त के रंग

कभी उजले हैं, कभी काले हैं
वक़्त के रंग सब निराले हैं

वक़्त ने हमको संभाला है कभी
वक़्त हमने कभी संभाले हैं

वक़्त कोई बुरा नहीं लगता
हौसले दिल में जबसे पाले हैं

कोशिशों की छुरी से कटते हैं
ये जो मायूसियों के जाले हैं

साथ हमको भी यार ले चल तू
हम भी तेरे मक़ाम वाले हैं

दुआ कर, हौसला वही देगा
आँख में ख़्वाब जिसने डाले हैं

मिली जबसे दुआ फ़कीरों की
मेरी राहों में बस उजाले हैं

4. दिल का ख़ामोश कोना

वो दिल की प्यास को अश्कों से भिगोना अक्सर
मुझको आता है... मेरे हाल पे रोना अक्सर

प्यार करता हूँ बहुत जिस भी खिलौने से मैं
टूट जाता है वही... मेरा खिलौना अक्सर

दिल का कोना – वो जो बातें भी किया करता था
अब तो ख़ामोश ही रहता है वो कोना अक्सर

चाहे मीठी हो कि कड़वी हो – हक़ीक़त है भली
दर्द देता है बहुत – ख़्वाब संजोना अक्सर

मेरे होने से बड़ी कोई मुसीबत ही नहीं
मुझको लगता है बुरा... मेरा ही होना अक्सर

5. काबा-काशी तेरे भीतर

दुनिया के असली चेहरे को थोड़ा सा पहचान के रख
वरना धोखा खा जाएगा मेरी बातें मान के रख

जंग जीतनी है प्यारे तो एक शर्त है तैयारी
तीरों को पैना कर ले तू और कमानें तान के रख

मेहनत की रोटी अच्छी है मक्कारी की मेवा से
कुफ़्र, बुराई से तौबा कर पाँव तले ईमान के रख

इसकी चौखट, उसकी चौखट कहाँ-कहाँ सर रखेगा
अपनी इज़्ज़त, अपनी पगड़ी क़दमों में भगवान के रख

काबा-काशी तेरे भीतर बाहर कहाँ भटकता है
वो तेरे दिल में रहता है बस इतना सच जान के रख

6. आज मौन रहना है मुझको

आज कोई भी बात न करनी
कथा कोई ना, कविता कहनी
आज मौन रहना है मुझको
व्यथा कोई चुप रहकर सहनी

शब्द खड़े मेरे सम्मुख और;
कहते – "हमको फिर से चुन लो!"
बिखर गईं जो जीवन कड़ियाँ
उन कड़ियों को फिर से बुन लो

पर शब्दों से बनती बातें
जीवन तो बनता अनुभव से
और अनुभव इतना कड़वा है –
जैसे गरल कोई पीना है
कंठ रुका है मेरा जैसे
मैंने ज़ंजीरें हों पहनी

आज कोई भी बात न करनी
कथा कोई ना, कविता कहनी

7. तेरी रहबरी में

रहबरी करता है कुर-आँ और गीता बनकर
साथ रहता है वही – इल्म का दीया बनकर

मैं बख्श देता तुझे, ख़ास जो दुश्मन होता
तूने लूटा है मगर – मसीहा बनकर

ज़िन्दगी जब भी नए ज़ख्म मुझको देती है
दर्द छलका है मेरा और – रंगीला बनकर

मुझको अच्छे-बुरे हर वक़्त ने तराशा है
मैं भी चमकूंगा किसी रोज़ तो हीरा बनकर

दीनो-दुनिया का ये दरिया बड़ा ही गहरा है
ऐ! ख़ुदा – पार लगा दे तू, सफ़ीना* बनकर

8. जागता नयनों में कोई

क्यूँ अमावस की निशा सा
जागता नयनों में कोई –
मंज़िलों की राह जाने,
क्यूँ पड़ावों में है सोई

ज़िन्दगी का गीत अब तो,
लग रहा है अनसुना सा –
मन का आँगन भी है लगता
खुरदुरा सा, अनमना सा।
रोज़ क्यूँ राहों में आकर
जुड़ रही हैं नई राहें?
अब प्रतीक्षा भी थकी है,
रोज़ दे-दे कर दिलासा।
आस के सागर पे चलकर,
ज़िन्दगी हमने डुबोई –

क्यूँ अमावस की निशा सा
जागता नयनों में कोई...

कौन किससे है बंधा?

संबंध को है क्या पता
हाँ! मगर जीवन से जीवन
डोर ही से है बंधा।
डोर टूटी, राह सबने
अपनी-अपनी चुन भी ली –
डोर की पीड़ा को पर,
किसने कहा, किसने सुना
बंधनों के पार जाकर
प्रेम ने आँखें भिगोईं –

क्यूँ अमावस की निशा सा
जागता नयनों में कोई...

कैसे, कब, किसके लिए
किसने भला मुझको चुना
व्यूह है या लक्ष्य जो
मेरे लिए उसने बुना
भय-अभय के बीच का
ये द्वंद है गहरा बहुत –
शब्द सबने सुन लिए, पर
मौन को किसने सुना
अधर हैं निष्प्राण से,
और दृष्टि भी है खोई-खोई –

क्यूँ अमावस की निशा सा
जागता नयनों में कोई ...

9. प्रेम की भाषा

प्रेम की बोलो – भाषा क्या है
अपनों की परिभाषा क्या है
जीवन अर्पण दोनों में है
मौन समर्पण दोनों में है
दुःख पाकर भी सुख देना है
और मेरी अभिलाषा क्या है
प्रेम की बोलो...

केवल पुष्प खिले राहों में,
केवल चाह मिले चाहों में –
ऐसा ही हो क्या आवश्यक?
पुष्पों में कुछ गुंथे हुए से
कंटक भी तो मिल सकते हैं
खुशियों में भी छुपे हुए कुछ
संकट भी तो मिल सकते हैं
छाया–धूप का खेल है जीवन
ऐसी घोर निराशा क्या है
प्रेम की बोलो...

10. मेरा तजुर्बा मुझसे सुन

दिन ढोए कितने काँधों पर, कितनी रातें आँखों में
लम्हा-लम्हा चुभे ख़ार सा... आती-जाती साँसों में

तेरा तजुर्बा तू जाने पर मेरा तजुर्बा मुझसे सुन
जीवन है बस पाँव का छाला इन पथरीली राहों में

मेरी प्यासी नज़र पूछती डगर-डगर की भटकन से
क्यूँ है तू आवारा इतनी क्या है तेरी चाहों में

ताना-बाना बुना, सिला सब, धागा-धागा टूट गया
अब तो बस गाँठें बाक़ी हैं क्या ढूंढूँ इन गाँठों में

थकी-थकी साँझों में, ऐ दिल, मैं ख़ामोश हूँ, तू भी चुप
उम्मीदें दम तोड़ रही हैं सन्नाटों की बाँहों में

मैं भी सब कुछ भूल के बैठूँ मेरी ज़िन्दगी तू भी बैठ
आ जा कुछ मीठापन घोलें, सारी कड़वी बातों में

11. तेरी रहमत

तेरे ही दर पे मेरा हर रस्ता निकलता है,
अब साथ-साथ मेरे – साया तेरा चलता है

पत्थर से कभी बाहर आ जा – तू निकल के भी,
दीदार को अब तेरे – दिल मेरा मचलता है

ये मेरी मुहब्बत है, कि तुझमें है कोई जादू –
अब इश्क़ अश्क़ बन के – आँखों से छलकता है

इक तेरी रहबरी* का – ऐसा हुआ असर कुछ,
जीवन का हर इक लम्हा – संदल सा महकता है

रहमत* का तेरी, मालिक – कैसा ये करिश्मा है
ये कांच का टुकड़ा भी – हीरे सा चमकता है

12. गुमनाम रहे... मशहूर रहे

गुमनाम रहे... मशहूर रहे
कभी पास रहे... कभी दूर रहे
तेरी अलबेली दुनिया से –
कभी ख़फ़ा, कभी मसरूर* रहे

सब हासिल था, सब पाकर भी
सागर के किनारे जाकर भी
केवल हिस्से में प्यास आई
कितने बेबस... मजबूर रहे

वो महल-दुमहले खड़े करें
जो बड़े हैं, उनको बड़े करें
ये मेरी छोटी-सी बस्ती
चाहे लाख ग़मों से चूर रहे

तुम देख न पाए आँखों में
मेरी भोली-सी बातों में –
वो एक झलक सच्चाई की
तुम क्यूँ इतने... मगरूर* रहे

13. ये जीवन पल-पल बीत रहा

ये जीवन – पल-पल बीत रहा
सागर साँसों का रीत रहा
ये दुनिया सब अनजानी-सी
जीना लगता – नादानी-सी
इन कड़वे से व्यवहारों में
फिर भी जीवन ढूँढा मैंने
कुछ निराधार आधारों में

सपने मेरे – प्यारे-प्यारे
सच होते-होते टूट गए
मनमीत मेरे; मेरे साथी
जाने क्यूँ मुझसे रूठ गए
अंधियारों और उजियारों में
मैं अब कितना एकाकी हूँ
अपने मन की दीवारों में

जैसी जिसको थीं ज़रूरतें
वैसी मेरी क़ीमत रख दी
मैं ख़ुद ही ख़ुद को भूल गया
ये मृत्यु है कैसी पल-पल की

अपनों में और परायों में
मैं रोज़ यूँ ही बिक जाता हूँ
इस दुनिया के बाज़ारों में

जो रूठ गए – सो रूठ गए
क्या हुआ जो सपने टूट गए
लौ मन की मेरे जलती है
अंतर में आशा पलती है
दुनिया के झंझावातों में
मैंने अब जीना सीख लिया
भव-सागर की मंझधारों में

14. मारीचिका

ना चला, न रुका – ये सफ़र क्या रहा,
ना जला, ना बुझा – बस धुआँ-सा रहा

प्यार की राह में फिर भी चलता रहा,
प्यार की चाह में फिर भी जलता रहा

हाथ में हाथ था – कोई तो साथ था,
या भरम था मेरा, मुझको छलता रहा

स्वप्न था, स्वप्न है, स्वप्न ही रह गया,
तुझसे ऐसे मिला जैसे मारीचिका

क्या कहूँ, क्या करूँ, मैं चलूँ या रुकूँ
यूँ ही ठिठका हुआ – ढूँढ़ता कुछ रहा

ना चला, न रुका – ये सफ़र क्या रहा,
ना जला, ना बुझा – बस धुआँ-सा रहा

15. प्रीत की रीत

ये जगत-रीति – सब झूठी है,
सच्ची तेरी प्रीत की रीत, प्रभु

सब मतलब के मनमीत यहाँ,
इक तू सच्चा मनमीत, प्रभु

ये जगती का संग्राम, प्रभु –
निशदिन ही चलता रहता है

सब सौंप दिया है तुझको ही –
अब हार मिले या जीत, प्रभु

तेरे डमरू पर नृत्य करें,
धरती, अम्बर, पाताल – सभी

इस सकल सृष्टि की लय तू ही –
तू ही इसका संगीत, प्रभु

16. मैं इंसाँ हूँ

दरख़्तों की तरह ऊँचाइयाँ अच्छी नहीं लगतीं
मैं इंसाँ हूँ – मुझे तन्हाइयाँ अच्छी नहीं लगतीं

अगर ये शौक़ है तो आप बेशक पालिए इसको
मुहब्बत में मगर रुसवाइयाँ अच्छी नहीं लगतीं

तेरी हर भूल को हम माफ़ करते आए हैं लेकिन
हमें अब अपनी ये अच्छाइयाँ अच्छी नहीं लगतीं

वो मेरे सामने अक्सर खड़ा होने से डरता है
न जाने क्यूँ उसे सच्चाइयाँ अच्छी नहीं लगतीं

मुझे धोखे दिए हैं इस क़दर मेरे अज़ीज़ों ने
कि अब मुझको मेरी परछाइयाँ अच्छी नहीं लगतीं

तू अपने हक़ में जब सारी दलीलें पेश करता है
तेरी बातों में वो गहराइयाँ अच्छी नहीं लगतीं

17. तुम संन्यास हो, तुम ही माया

तुम ही नाव हो, तुम ही किनारे
तुम नदिया के बहते धारे
तुम ही नाविक; खेवनहारे,
तुम ही ज़रूरत, तुम ही सहारे

तुम ही मन हो, तुम ही चिंतन
तुम ही पानी, तुम ही चंदन
तुम प्रियतम हो, तुम आलिंगन
तुम ही मुक्ति, तुम ही बंधन

तुम ही चेतन, तुम ही शक्ति
तुम ही भक्त हो, तुम ही भक्ति
तुम ही प्रेमी, तुम अनुरक्ति
तुम आसक्ति, तुम ही विरक्ति

तुम में ही तो सब है समाया
और तुम्हारी सब में माया
तुम ही आत्मा, तुम ही काया
तुम संन्यास हो, तुम ही माया

18. तिश्नगी

तुमसे दिल भी न मेरा संभाला गया
क्यों न शौक़-ए-वफ़ा तुमसे पाला गया

तुमने मुझसे जो यूँ फेर ली है नज़र
ये लगा ज़िंदगी से उजाला गया

ना गुनाह-ए-मुहब्बत की माफ़ी मिली
ना ये सर ठोकरों में उछाला गया

तिश्नगी* ना हुई मुझसे ज़ाहिर कभी
यूँ मेरे सामने से भी प्याला गया

सीख लीजे कि ये भी हुनर एक है
ग़म को कैसे तबस्सुम* में ढाला गया

क्यों बिलखते हो अब, पीटते हो ये सर
जिसको जाना था, वो जाने वाला गया

19. इंतज़ार

आएँगे वो सोच कर, हम घर सजाते रह गए
और कभी दे कर सदा, उनको बुलाते रह गए

चार दिन में ज़िंदगी की शाम लो आ भी गई
बोझ हम ख्वाबों का अपने सर उठाते रह गए

हमसे पीछे थे कभी, जो हमसे आगे हो गए
हम मगर तक़दीर के क़िस्से सुनाते रह गए

हर ख़ुशी दे दे के दस्तक, घर से वापस हो गई
और धुएँ में ग़मों को हम उड़ाते रह गए

तेरे दर तक आ के भी, दीदार हम न कर सके
बस तेरी दहलीज़ पर सर को झुकाते रह गए

20. मैंने कब माँगा...

मैंने कब माँगा कि तू संसार दे दे
मेरे जीवन पर मगर अधिकार दे दे

एक ग़म से क्या भला होगा हमारा
ज़िंदगी ग़म और तू दो-चार दे दे

देखिए नादानियाँ ये मेरे दिल की
दुश्मनों से माँगता है – प्यार दे दे

बीच मंझधार में अब जीना नहीं है
या तो ये दे, या मुझे वो पार दे दे

ज़िंदगी रहना है दुनिया के चमन में
बाग़बाँ अब फूल दे या ख़ार दे दे

मंज़िलों से पहले ठहरा है भला क्यों
कारवाँ को, ऐ ख़ुदा – रफ़्तार दे दे

21. संभलना तुम ज़रा

संभलना तुम ज़रा अपना कहीं पर दिल लगाने में
बड़ा ही फ़र्क होता है हक़ीक़त और फ़साने में

निभाना दिल के रिश्तों को कभी आसाँ नहीं होता,
मिटाना ख़ुद को पड़ता है यहाँ रिश्ते निभाने में

ज़ख़्म फिर लाख भर जाएँ दिल-ए-नादान के लेकिन
मुद्दतें लग ही जाती हैं दाग़ दिल के मिटाने में

मरते वक़्त तक अपने लिए फ़ुर्सत नहीं मिलती
गुज़र जाता है जीवन बस यूँ ही बनने–बनाने में

दिलों पे बोझ रखा हो अगर नाकामियों का तो
बड़ी तकलीफ़ होती है लबों को मुस्कुराने में

22. भूलूँ के याद रक्खूँ

तुझसे मेरा ठहरना, तुझसे ही रवानी है
क़िरदार में हूँ मालिक, और तू कहानी है

भूलूँ के याद रक्खूँ – अब फ़र्क क्या है मौला
दिल से नहीं निकलती, दिल में जो निशानी है

औरों की फ़िक्र ना हो, खोये हों बस खुदी मे
किस काम का वो जीवन, कैसी वो जवानी है

दुनिया की हक़ीक़त बस इतनी समझ में आयी
कुछ वादे तोड़ने हैं, कुछ क़समें उठानी हैं

दुनिया के इल्म से बस, दुनिया ही मिली मुझको
तेरे इल्म की शमा – अब सीने में जलानी है

23. तेरे नाम का चराग़

लिए चराग़ तेरे नाम का पल पल, या रब
जंग करता हूँ अँधेरों से मुसलसल*, या रब

मैं तेरी राह में हर रोज़ चला करता हूँ
तू भी इक रोज़ मेरी राह चला चल, या रब

मेरी हर साँस में शामिल है तू हवा बन के
है तुझ से आज मेरा और तुझ से कल, या रब

बस यही माँगता हूँ तुझसे – और कुछ भी नहीं
कि अपनी कैद से अब जाऊँ मैं निकल, या रब

दौर-ए-दुनिया के चलन मुझसे न देखे जाएँ
अब तू दुनिया को बदल – या मुझे बदल, या रब

24. नफ़रतों का दौर

नफ़रतों का दौर फिर से शहर में चलने लगा
लोग पागल हो गए, और शहर फिर जलने लगा

हाथ में अंधों के पत्थर लो उछलने फिर लगे
अम्न का सूरज शहर में फिर से है ढलने लगा

मौत बनकर नाचती है अब सड़क पर ज़िंदगी
आज फिर इंसान ही इंसान को छलने लगा

एक ही मालिक के बच्चे बंट गए फिरकों में क्यों
एक दूजे के लिए दिल में ज़हर पलने लगा

रोकता तू क्यों नहीं बंदों को अपने गर तू है
अब तेरा ख़ामोश रहना, ऐ ख़ुदा... खलने लगा

25. दिल के ग़म

दिल को ग़मों से तेरे शाद* करके
भुलाया है तुझको, तुझे याद करके

मुझको बचाने की खाते हैं क़समें
मुझे लोग देखो तो बर्बाद करके

पछता रहा है वो सैयाद देखो
बुलबुल को पिंजरे से आज़ाद करके

मुझको मिली है फ़क़त एक सूली
उसूलों की दुनिया को आबाद करके

क्या है नतीजा, बता संगदिल तू
मुझसे मोहब्बत, मेरे बाद करके

26. रहजन की रहबरी

क्या करेगा झाँक कर अब अपने तू ईमान में
ज़िंदगी गुज़री है तेरी – फ़ायदे-नुक़सान में

रहबरी जिसने करी थी – वो ही रहजन हो गया,
फ़र्क हम कैसे करें अब – देवता हैवान में

अजनबी बेहतर लगेंगे, बात मेरी मान लो –
आप धोखा खायेंगे जो जान में, पहचान में

हिंदू भी है, मुस्लिम भी है; है सिख और ईसाई भी –
बाक़ी नहीं 'इंसा' बचा अब आज के इंसान में

आदमी दिखता नहीं – बस फ़ौज के पहरे यहाँ,
देवता रहते हैं शायद – इस शहर सुनसान में

27. मेरे हवाले मुझे कर के

मेरे हवाले मुझे कर के लौट जाओ सब
यही बेहतर कि अब तुम भी भूल जाओ सब

मुझे यक़ीन है, ख़ुद को संभाल लूँगा मैं
दौर-ए-दुनिया के चलन मुझको न सिखाओ सब

कहकहे झूठ हैं, आँखों के अश्क़ सच्चे हैं
ये किसने कह दिया कि मुझको चुप कराओ सब

तीरगी* दुनिया की इससे नहीं मिटने वाली
दीया बुझाए रखो... और दिल जलाओ सब

यार! दुनिया का तमाशा है रोज़ इक जैसा
देख कर थक गए... अब और कुछ दिखाओ सब

मेरे दामन में तुमने जो दिया – अच्छा या बुरा
मुझको शिकवा नहीं किसी से... मुस्कुराओ सब

28. ज़िंदगी देखें तुझको

ज़िंदगी अब तेरे साँचे में ढल कर
चलो अब हम भी देखें तुझको चल कर

जो अब तक मुझसे हँस कर मिल रहा था,
वही फिर देर तक रोया सिसक कर

यक़ीं अब एक दूजे पर नहीं है –
सभी ज़िंदा यहाँ हैं सबसे डर कर

मैं ख़ुद टूटा हूँ, मैं ख़ुद दिल-ज़दा हूँ –
करोगे क्या मेरे काँधे से लग कर?

ज़रा तासीर* देखो तिश्नगी* की –
कुआँ आया है मेरे पास चल कर

ग़मों की आग, तेरा शुक्रिया है –
मैं ज़िंदा हो गया हूँ तुझमें जल कर

29. मनवा, हम तौ भले दरिद्र

मनवा, हम तौ भले दरिद्र,
राम नाम की दौलत तज कें –
काहे करें छल-छिद्र?
मनवा, हम तौ भले दरिद्र।

माँ के पेट ते निकसत ही तौ,
माया धाय परी।
लाख जनम भये, लाख मरन पर –
तृष्ना नायें मरी।
अब तो प्रभु की शरण चलो मन,
पावन करो चरित्र।
मनवा, हम तौ भले दरिद्र।

मनवा, इतनो बखत कहां –
जो छोट-बड़ाई देखूँ?
जित देखूँ, मैं अपने प्रभु की –
बस प्रभुताई देखूँ।
राग-द्वेष ते रहित करो प्रभु,
शत्रु लखूँ, न मित्र।
मनवा, हम तौ भले दरिद्र।

सत, रज, तम की –
ओढ़ चुनरिया माया नृत्य करै।
मन कौ खाली बर्तन माया –
निस दिन, नित्य भरै।
यों देखो संसार रे मनवा –
जैसे लखें चलचित्र।
मनवा, हम तौ भले दरिद्र।

30. तन्हा सितारे

भुलाओगे भला कैसे मुझे तुम
ज़माना हूँ; कोई लम्हा नहीं हूँ

**

तुम्हारे ज़ुल्म का चर्चा नहीं है
हमारी आह भी किस्सा बनी है

**

एक दूजे को ऐसे मुकम्मल* किया
मैंने तुझको जिया, तूने मुझको जिया

**

हवा जैसे फँसी हो बुलबुले में
फँस गया हूँ मैं एक लम्हे में

**

ज़िंदगी जैसे है गर्द सेहरा की
रोकते रोकते फिसल ही गयी

**

तमाशा भी है तमाशाई है
ज़िंदगी हमने आज़माई है

**

काश! इक बार ऐसा हो जाये
मेरा कह के वो मेरा हो जाये

**

वो जो शक्कर से ख़्वाब थे मेरे
चख के देखे तो बहुत कडवे थे

**

मिली फ़ुर्सत जो कभी दुनिया से
कर के देखेंगे मुहब्बत क्या है

**

फिर कोई आस बुझ गयी मेरी
प्यास से प्यास बुझ गयी मेरी

**

राहे गर्दिश पे ज़रा होश में चलने के लिए
चंद ठोकर भी ज़रूरी हैं सँभलने के लिए

**

अबकी आओ तो फ़ुर्सत निकाल कर आना
के पिछली बार की बातें भी कुछ अधूरी हैं

**

मुझमें कितने आदमी मुझमें कितने रूप
कुछ लगते हैं छाँव से कुछ हैं चुभती धूप

**

ये दुनिया है या इक अजब सा मेला है
भीड़ ही भीड़ है पर आदमी अकेला है

**

हर एक चीज शब-ओ-रोज़* गुनगुनाती है
ये कायनात* मुझे नज़्म नज़र आती है

**

मयकदों में तो आना जाना है
हाथ में सब्र का पैमाना है

कितना मुश्किल है आदमी होना
आदमी हो के मैंने जाना है

**

ये जो दुनिया है , दुनिया नहीं नुमाइश* है
इसी नुमाइश में हम सब दिखाए जाएंगे
एक दिन आएगा सबका हिसाब होगा जब
नक़ाब चेहरे से सबके उठाये जाएंगे

**

31. शब्दार्थ

मरहला - पड़ाव
सफ़ीना - नाव
रहबरी - पथप्रदर्शन
रहमत - दयालुता
मालिक - भगवान्
मसरूर - प्रसन्न
मगरूर - अभिमानी
तिश्नगी - प्यास, लालसा
तबस्सुम - मुस्कुराहट
मुसलसल - लगातार
शाद - ख़ुश, प्रसन्न
तीरगी - अँधेरा
तासीर - असर, प्रभाव
मुकम्मल - समूचा, पूरा
गर्द - धूल
कायनात - सृष्टि , जगत
शब-ओ-रोज़ - रात दिन
नुमाइश - प्रदर्शनी , मेला

www.ingramcontent.com/pod-product-compliance
Lightning Source LLC
Chambersburg PA
CBHW070651240926
51846CB00003BA/869
* 9 7 8 9 3 7 3 1 4 4 0 8 5 *